바람의 행로

바람의 행로

정안면 시집

詩와에세이
2009

차례__

제1부

바람의 행로 · 11
다시 아름다운 사람을 만나고 싶다 · 12
사랑 · 14
러브레터 · 16
꿈이라면 좋겠네 · 18
내게는 강물 같은 사람 · 20
그 이름은 · 22
그대 안에서 · 24
운해만리(雲海萬里) · 25
꽃무릇 · 26
사량도에서 · 27

제2부

저 푸른 목숨들 · 31
바람꽃 · 32
지리산 산철쭉 · 33
시월 · 34
가을엽서 · 36
어떤 울음 · 38
봄날 저녁 · 39
가을 여정 · 40
가볍게 가벼웁게 바람처럼 · 42
겨울 섬진강에서 · 44
조약돌 · 45
사람들은 내게 말하네 · 46

제3부

고향집 서대회 · 51

후회 · 52

바보천치 · 54

지독한 치통 · 56

먼 길을 가네 · 58

그는 새가 되어 날아갔다 · 60

봉숭아 · 62

찔레꽃 가슴에 묻고 · 63

동행 · 64

오늘 · 66

다초점안경 · 68

융프라우를 오르며 · 70

해탈 · 71

제4부

시(詩)는 씨다 씨앗이다 · 75
나는 무섭다 · 77
아주 단순한 생각 · 78
반성 · 80
세월 앞에서 · 81
몽마르뜨 언덕에서 · 82
똘레랑스를 생각하며 · 84
회상 · 86
그대는 한 송이의 하얀 조선꽃이여 · 88
신 동북과정(新 東北工程) · 90
독도를 그리며 · 92
푸른 산이여 푸른 강이여 푸른 목숨이여 · 94
오월이 오월에게 · 96
촛불바다, 미대사관 삼키다 · 98

해설 | 공광규 · 99
시인의 말 · 115

제1부

바람의 행로

 바람이 분다 바람은 풀잎 위에서 잠시 머물다 다시 안간힘으로 제 정신을 불어간다 바람은 어디로 불어가는 것일까 바람은 사람들의 지친 시간들을 쓰다듬으며 불어간다 바람이 불어가는 쪽으로 새들은 슬픔처럼 하강하며 날아가고 또 새들은 어디로 날아가는 것일까 바람은 절망하지 않는다 바람은 이미 절망의 덫을 쓸어안고 불어오기 때문이리라 오늘도 바람은 분다 결코 포기하지 않는 그리운 이름들을 호명하며 바람이 분다 바람에 흔들리는 나무는 제 슬픈 그림자마저도 바람에 안기며 흔들리고 있다 바람의 시작과 끝은 어디인가 펄럭이는 깃발 위에 잠시 머물다간 저 바람의 시간은 무엇인가 그 시간 속의 내 안으로 바람은 불어 온다 어떤 슬픔 같은 아니 어떤 사랑 같은 바람이 분다 내 안의 깊고 푸른 잠에서 깬 바람이 분다 그래 삶이라는 것은 저 바람의 머나 먼 행로를 따라 불어오거나 불어가는 사람의 일일 것이다

다시 아름다운 사람을 만나고 싶다

다시 아름다운 사람을 만나고 싶다
사랑한다고 말하지 않아도 손 내밀면
내 가슴에서 들꽃의 향기로 따스히 다가오는
아름다운 사람을 만나고 싶다
몸은 비록 멀리 떨어져 있어도
바람결에 실려오는 풋풋한 살 내음으로 스며드는
아름다운 사람을 만나고 싶다
팍팍한 삶 앞에서도 해맑은 미소로 피어나는
언제나 가슴에 따뜻한 등불을 켠
아름다운 사람을 만나고 싶다
오늘 비록 가진 것 없이 살아도
정결한 마음 하나로 별을 세며 사는
아름다운 사람을 만나고 싶다
몸은 헤어져 있어도 마음은 늘 함께 있어
얼굴 떠오르면 가슴 두근거리는
아름다운 사람을 만나고 싶다
봄 편지 꽃소식 안부를 강물에 띄워

내가 얼마나 그대를 생각하는지 아느냐고 강물에 묻던
아름다운 사람을 만나고 싶다
거친 삶 비바람 눈보라에도 흔들리지 않고
초록의 내일을 꿈꾸며 묵묵히 오늘을 걸어가는
아름다운 사람을 만나고 싶다
물비늘 노을에 반짝이는 강변에 서서
그대를 사랑하는 일로 내가 살아있음을 노래하는
아름다운 사람을 만나고 싶다
그리운 사연 간절한 보고픔이 가슴 사무칠 때
가을날의 억새로 달려와 쓰러지는 사람
그런 아름다운 사람을 만나고 싶다
푸른 마음 하나 지워지지 않는 이름
푸른 그림자로 서성이는
오늘 아름다운 세상의 사람을 만나고 싶다

사랑

나는 알았습니다 그대를 사랑한다는 일이 얼마나 지난한 일이었으며 그대에게로 향하는 나의 마음이 얼마나 가녀린 풀잎의 소리 없는 떨림이었다는 것을 나는 알았습니다 내 그대의 푸른 영혼까지도 끔찍이 사랑했었다고 다짐하여도 그 사랑이 오늘 그대의 전부가 아니었음을 나는 알았습니다 그대를 사랑한다는 것이 때로는 늦은 가을날의 눈물이었다는 것을 나는 이제야 알았습니다

그대를 위해 내 모든 것을 오늘 아낌없이 다 주었을지라도 뒤돌아보면 그대에게 내 전부를 다 주지 못했음을 나는 알았습니다 사랑한다는 것은 사랑의 흔적을 남기지 않는 일이라는 것을 그 아무것도 남김없이 다 주어도 자취를 남기지 않는 일이 사랑이었다는 것을 이제 알았습니다

때로는 사랑의 이름으로 가슴이 저려오지만 그 저린 가슴으로 별빛이 내리고 포근한 바람이 스쳐 지나간다는 것을 알았습니다 또한 사랑한다는 것은 그대의 모든 허물들

을 용서하고 아낌없이 받아 주어야 한다는 것을 그것이 비록 내 영혼의 불꽃을 태우며 사라지는 목숨의 일일지라도 그 자체를 겸허히 받아 주어야 한다는 사실을 알았습니다

 나는 알았습니다 나의 사랑은 너무 많은 기쁨을 그대에게 청하였으며 요구하였다는 것을 그것으로 그대가 아파하고 슬퍼하며 그대의 가슴은 푸른 멍에로 피어난 더 아픈 고통의 붉은 꽃망울이라는 사실을 나는 이제야 알았습니다

 나는 알았습니다 내가 가진 유한의 생명을 그대에게 다 주어도 사랑의 길은 아직 멀고 다함 없는 나의 소중한 일이었다는 것을 그대의 사랑은 오늘 밤 아련히 반짝이는 푸른 별빛이었으며 귓가에 맴도는 이명의 목소리였으며 내 가슴의 꺼지지 않는 따뜻한 한 줌의 온기였음을 나는 이제야 알았습니다

러브레터

지금 그대가 내 마음속에 부재함이 가슴 아픕니다 붉은 꽃잎 스르르 내 마음에 지고 바람에 쓸려 쓰러지던 그대의 뒷모습을 생각하면 눈물이 강물이 되어 나를 서럽게 합니다 오늘은 그대의 모습이 사무쳐 푸른 별로 빛나고 이제는 내가 알았던 그대의 전부를 소중히 기억하고 싶습니다 내 스스로 그대를 안아 둘이서 함께 걸어가고 싶습니다 오늘 그대를 화나게 하고 슬프게 했던 지난 내 불찰의 흔적들과 지금껏 그대를 사랑한다는 이유만으로 속상하게 했던 나의 어리석음을 용서해 주세요

나는 오늘에야 내가 그대를 목숨 걸어 사랑했음을 알았습니다 그대를 사랑한다는 것은 내 일방으로 탐욕스럽지 않고 고집스럽지도 않은 사랑이어야 함을 오늘 깨달았습니다 지금 비록 그대가 내 가슴에 부재하여도 그대는 이미 나의 전부입니다 그것은 내가 그대의 분신으로 지금 살아 숨 쉬기 때문입니다 이제는 알아요 오늘 그냥 사랑한다는 말로 그대를 사랑하는 것이 아니라 그대가 내 마음속에 살아

철썩이는 그리움의 파도로 내 가슴에 물결치고 있기 때문이라는 것을 깊은 밤 잠 못 이루고 내일이면 그대를 만날 푸른 기약으로 설레이며 나는 오늘 그대에게 고백합니다 그대를 사랑합니다

꿈이라면 좋겠네

꿈이라면 좋겠네
지금 푸른빛 사랑이라면 좋겠네
훨훨 날아가는 새라면 좋겠네
저 새의 자유라면 좋겠네
그대의 검은 절망에서도 꽃이라면
나는 좋겠네 좋겠네
내 그대를 사랑하다가 죽어도
그것이 푸른 하늘이라면 좋겠네
내 지금 그대를
피울음으로 목메어 부르다가 쓰러져도
한 소절 그 사람의 노래라면 좋겠네
나는 좋겠네 좋겠네
그대 이름 부르며 사랑 한 줄기의
시원한 바람이라면 좋겠네
내 그대의 가슴으로 들어가서
그대의 붉디붉은 청춘의 마음이라면
나는 좋겠네 좋겠네

사랑을 잃고 우는 기나긴 겨울밤에
내 그대의 따뜻한 등불이라면 좋겠네
그대에게 펑펑 쏟아지는 폭설이라면 좋겠네
오늘 꿈이라면 정말 좋겠네
모든 것 하나되는 꿈이라면 좋겠네
모든 것 한 송이의 꽃으로 피어나면 좋겠네
그대의 푸른 눈물이라면 좋겠네
모든 것을 잊고 모든 것을 훌훌 털고
그대에게 다가가는 별빛이면 좋겠네
그대 가슴에 싹 트는 희망이면 좋겠네
그대 따스한 사랑의 부활이면 좋겠네
오늘 나는 좋겠네

내게는 강물 같은 사람

내게는 강물 같은 사람이 있다네
푸른 강물로 흐르는 얼굴이 있다네
세상의 험한 모퉁이 굽이굽이 돌아와
모든 것들을 껴안고 흐르는
내게는 강물 같은 사랑이 있다네

노을빛 물결치는
저 강물에 얼굴을 씻고
이제는 천천히 돌아오는
그대의 뒷모습은 오늘 얼마나 아름다운가
내게는 그런 강물 같은 사람이 있다네

까치놀 저무는 강가에 앉아
그대 끝내 잊지 못하는
먼 기다림의 사랑은 누구인가요
오늘 강물의 추억으로 물결치는
그립고 서러운 얼굴은 누구신가요

이제 저무는 강물에 마음을 씻고
모든 것 다 버리고
마침내 넉넉해지는
내게는 푸른 강물 같은 사랑이 있다네
내게는 강물 같은 그 사람이 있다네

그 이름은

그 이름은
사그라지지 않는
내 가슴의 불씨 같은 것
천둥 번개 치는 여름날의
한 두름 소나기 같은 것
은빛 억새 휘날리는
마음 깊은 가을날의
마른 풀씨 같은 것
한치 앞을 분간할 수 없이
쏟아지는 함박눈 같은 것

그 이름은
어머니의 얼굴에 굵게 패인
주름살 같은 것
어느 누구에게도 말할 수 없는
깊고 푸른 슬픔 같은 것
오늘 밤 고단한 내 어깨 위에 내리는

푸른 별빛 같은 것
주체할 수 없는 그리움으로 흐르는
뜨거운 눈물 같은 것
그대 가슴에 남은
마지막 사랑의 노래 같은 것

그대 안에서

 오늘 그대 안에서 그대의 사랑꽃이 되리 그대 안에서만 피어나는 그대의 꽃이 되리 푸른 봄날이 오면 그대 안에서 내가 다시 파르르 살아나 그대만의 푸른 잎새로 봄바람에 나부끼리 지금 그대를 생각하면 나는 그대의 푸른 얼굴이 되고 밤하늘의 푸른 별빛이 되리 오늘 그대를 생각하면 그대의 얼굴이 포근히 떠오르리 그대를 생각하면 가슴이 뛰고 내 마음은 벌써 그대에게로 달려가리 오늘 그대가 아프면 내가 따라 아프고 그대가 슬프면 그대 안에서 뜨거운 눈물이 되리 내 그대 안에서 그대만의 한 사람이었으리 그대가 오늘 세상 밖 유성으로 사라진다면 내 그대를 따라 별똥별로 그대에게 날아가리 그대는 지금 내 안에서 더불어 내가 되었으리 지금 그대는 내 안의 사랑이었으리 오늘 그대 안에서 내 그대의 사랑꽃이 되었으리

운해만리(雲海萬里)

그대 서럽게 밟고 지나간
무서리 내린 새벽에야
나는 알았습니다

내 사랑도
그대의 발자국을 따라
하염없이 걸어가고 있었음을
나는 이제야 알았습니다
그대여
어찌 눈에 보이는 것만이
그대의 사랑이겠습니까

무서리 친 새벽 먼 길을
홀로 가는 그대의 마음이
오늘 운해만리의 사랑입니다

꽃무릇

붉디붉은 제 그리움을 토해내다
세상천지 자취도 없이 사라지는
사랑의 이름이여

사무치는 붉은 울음으로
꽃무더기 사르르 지는
다함 없는 그 사람의 사랑이여

붉은 꽃화엄 속에서
그대와 나는
꽃으로 피어 다시 만나리

붉디붉은 꽃불로 타오르는 사랑이여
오늘 붉은 꽃망울로 터져
내 사랑 꽃으로 기어이 피어나리

사량도에서

남해 바다의 섬들이 스르르 졸고
바다는 푸른 물살
제 속마음을 다 보여주며
봄바람에 흥얼거리고 있었네
사량도에서
아니 나는 차라리
사랑도라 부르고 싶었네
사람들을 미치게
사랑하고 싶어서
푸른 사랑의 물결로 차오르는
그리움의 섬에서
그대에게 고백하고 싶었네
사량도에서 나는
차라리 그대를
사랑도라 고백하고 싶었네

제2부

저 푸른 목숨들

무참히 베어지고 불타버린
산허리에도
황량한 들판에도
어린 새싹이 돋아나고

마침내
푸른 잎새가 되어
바람에 속삭인다
아! 저 푸르고 질긴 목숨들이여

바람꽃

사람은 누구나 꽃이라네
누구나 한번 왔다가

……

누구나 한번 가는
사람은 누구나 바람꽃이라네

지리산 산철쭉

산철쭉 꽃망울들 소스라치게 피어
금방이라도 붉은 핏방울로 천지사방 터져
금세라도 산봉우리을 넘고 산맥을 넘어
큰 봉홧불로 활활 타오를 것 같은데

꽃망울 붉은 산등성이 어디쯤
어느 누구 역사의 이름이 아직 묻혀있어
저렇듯 꽃망울은 붉게 솟구쳐 피어나는가
산소쩍새 붉은 피울음으로 흐느끼고 있는가

시월

그대
사랑한다고 말하면 무엇하리
사랑꽃 지고 바람은 부는데
마음속 뜨거운 맹세 하나 남겨 준
그 사람은 강물로 흘러가고
오늘 내 홀로 남아
그대를 진정 사랑했노라
오늘 목놓아 노래하면 무엇하리

그대
이별이라고 말하면 무엇하리
시월의 언덕에 서서
낙엽은 구르고 찬 별빛 서러운데
한번 떠난 그 사람
안부도 없이 소식도 없이
내 홀로 남아
그대를 사랑했노라

오늘 서글피 노래하면 무엇하리

가을엽서

가을날 사라지는 이름들은
모두가 추억이 되고
별빛이 되고
가슴 허물어져 가는
마음 깊은 곳의
얼굴들을 생각하면
뜨거운 눈물의 날들

가을날은
추억이 되어
슬픈 노래를 부르고 싶다
그대 슬퍼서
아름다운 이름이 있었다면
그대 가슴의
별 하나로 빛나고 싶다

가을날은

그리운 얼굴들이
눈 시린 하늘에서
눈물로 빛나고
점점 허물어지면서
마침내 사라지는
한 점 별빛으로
그대에게 가고 싶다

어떤 울음

세상천지의
풀벌레 울음소리 가득한 밤
무수한 사연
별빛들 쏟아져 무너지는 밤

삶의 시름겨운 마음 꼬옥 숨기려다
그 마음 별빛에 들켜버린
지상의 한 사람
오늘 밤 풀벌레로 하염없이 울고 있다

봄날 저녁

짝짜꿍 짝짜꿍 소리를 내는
하얀 운동화를 앙증맞게 신은
네다섯 살 먹음직한 어린아이가
엄마의 손을 잡고
초록의 풀밭을 폴짝폴짝 뛰어가는
봄날 저녁의
저 아늑한 풍경이여
행복이여

가을 여정

가을날의 강물은 홀로 깊어가리
내 곁을 흘러 간 강물의 이름들은
더 깊고 푸른 사연으로
가슴 저려오는데
그대에게 남기지 못한
뜨거운 말 한마디는
내 가슴에 남아 서걱이는데
지금 그대의 늦은 가을날은
서둘러 인생의 간이역을 스쳐서 가리

가을날의 강물은 소리 없이 흘러가리
까치놀 붉게 물든 강변에 홀로 앉아
초저녁 별을 기다리네
못다한 사랑의 별을 기다리네
억새는 바람에 쓸려 눈부시게 흔들리는데
그대에게 미처 전하지 못한
그립고 서러운 추억의 날들은

내 가슴의 그리운 물살로 남아
푸르고 깊은 강물로 흘러서 가리

가볍게 가벼웁게 바람처럼

이제는 가벼워지기로 했다
무거운 삶의 열정도 깨끗이 비우고 살기로 했다
가슴의 슬픔덩어리 가슴에 피의 기억도
추억으로 비우면서 가볍게 살기로 했다

이제는 정말 가벼워지기로 했다
가볍게 가벼웁게 바람처럼
가벼웁게 지상에 내려놓고 살기로 했다

가벼워지기 위하여 가을은 오는가
하늘을 돌아 떨어지는 낙엽보다도
더 가볍게 살포시 지상에 내려앉기로 했다
가벼워지기 위하여 오늘 밤에도 별은 뜨고
사람들은 고요히 이슬의 잠을 잘 것이다

이제는 이슬처럼 가벼워지기로 했다
가슴 한켠 짓누르는 그리움의 무게마저도

가볍게 안으면서 가벼웁게 내려놓으면서
이제는 텅 비어 가볍게 살기로 했다

겨울 섬진강에서

겨울 섬진강에서 강물의 그대를 보네
그대여 그대여
매섭고 서러운 긴 겨울날을
참 잘 흘러서 왔구나
살아가는 일들이 어차피 버리지 못할
삶의 흔적이라면
끝끝내 견디어 살아야 하리
비록 살아가는 일들이 힘들고 쓰라려도
그대는 푸른 강물로 살아 흘러가야 하리
강물로 흘러가
강물의 그대를 만나면
봄꽃의 그대를 만나면
그대의 푸른 물결에 쓸려 말하리
그래도 세상은 아직 살만하다고
더불어 나에게도 사랑의 마음은
서걱이는 푸른 강물로 흘러가고 있었으리

조약돌

모진 세월의
험산계곡을 구르고
때로는 세상 풍파에 맞서며
살며 사랑하던
기쁨과 슬픔의 강물을 따라

도착한 생의 바닷가에서
잔물결 물비늘에 얼굴을 씻으며
이제는 둥글고 단단한
가슴애피로 뭉쳐버린
붉게 물든 저녁노을의 인생이여

사람들은 내게 말하네

사람들은 나에게 말하네
이제 지천명의 나이에 마음 급하지 않으며
세월아! 네월아! 하는 마음으로 살아라 하네
눈 막고 귀 막고 입 막고
청맹과니 되어 살아라 하네
그래야 제 명(命)대로 산다고
보고도 못 본 척
들어도 못 들은 척
그렇게 살아라 하는데
나는 참지 못하네
아직 불뚝거리는 분노를 이기지 못하네
치미는 울분의 화염을 삭히지 못하네
가슴속의 뜨거운 불덩이 참지 못하네
사람들은 내게 말하네
이제는 하고 싶은 말도 에둘러 말하고
모난 돌 정 맞으니 둥글게 살라고
직선으로 빠르게만 가려 말고

슬슬 고갯길 돌아서 가라고
화를 참고 염화시중의 부드러운 미소로 웃어보라고
부처님 가운데 토막으로 살아보라고
사람들은 내게 말하네

제3부

고향집 서대회

광양읍에 가면 고향집이 있다
고향집 서대회 맛은
욕쟁이 할머니의 손끝에서 감칠 난
니미씨벌놈들 욕으로 묻어 나오는데
한번은 광양 장날 시인 넷이서
할머니 욕 흉내를 내다가 들켜
하마터면 아랫도리가 꽉 붙잡힐 것 같아
혼비백산 도망쳐 나왔는데
그때 항상 중절모에 백구두를 신었던
한량 남편은 저 세상으로 먼저 갔고
욕쟁이 할머니 바싹 마른 부지깽이 몸 하나
오늘도 푸짐한 욕 한 바지기와
서대회를 무치고 있다

아, 모질고 질긴
삶의 욕지기여 목숨이여

후회

어느 날 창문을 여니
빈 화분 그릇 아주 작은 풀꽃들이
새록새록 저희들끼리 고개를 내밀며 자라고 있었다
무슨 이름모를 잡초 같기도 하여
나는 꽃을 옮겨심기 위해
그 풀꽃들을 무심히 뽑아버리려 했다
앗, 그 순간
그 풀꽃들이 파르르 떨며 눈물 같은
이슬이 떨어지고 있었다
가녀린 잎들이 부르르 떨며 소리치고 있었다
나는 살고 싶다고
살아서 이루어야 할 일이 있다고
꼭 살아서 이루어야 할 사랑이 있다고
그렁그렁한 눈물의 이슬을 떨구며
바람에 흔들리고 있었다
아, 그 순간 나는 후회하였다
저 풀꽃의 몸부림 앞에

저 끈질긴 생명의 경이로움 앞에
아뿔사! 오늘 풀꽃의 삶을 사는
지금 내가 내 목숨을 뽑아버리려 하다니!

바보천치

무서리 친 아침 출근길
성에 낀 내 자동차 유리창에
누군가가 바보라고 써 놓았다
성에를 쓱쓱 지우며
은근히 부아가 끓기도 했지만
이내 내가 바보임을 깨달았네
뒤돌아보면 아등바등 살아온
지난 세월이 바보이고
밤 불빛 호사한 도시에서 바보이고
으리번쩍 번듯한 세상 속에서 바보이고
남보다 더 높이
더 크게 오르지도 못하고
남보다 더 약삭빠르게
앞서가지도 못하고
남보다 더 갖지도 못한
빈털터리인 나는
이 시대의 바보였다고 자괴하는

손 시린 겨울 아침의 바보천치라네

지독한 치통

이빨도 한 오십 년을 넘게 쓰다보니
하나 둘 탈이 났나보다
욱씬거리는 통증이 무슨 고문의
기억으로 아프다
삶의 고통이 이처럼
치통으로 나를 고문하는가 보다

보다 절실히 살아오지 못한 죄
더 보살피지 않고 살아온 날들에 대한 벌
더욱 끔찍이
사랑하지 않았던 죄인가 보다
지독한 치통이다
잠을 이룰 수 없는 형벌이다

내일은 치과에 꼭 가야 하는데 하면서도
슬그머니 무서워지고 두려운 것은
내 못난 마음의 탓이며

진지하지 못한 나의 불찰이며
단호하지 못하고 어부정한
내 삶의 태도이리라

먼 길을 가네

먼 길을 걸어왔네
또 먼 길을 걸어가야 하네
내 세상의 길을 걸었네
한적한 들길을 걷기도 했고
붉은 산 황톳길을 걷기도 했네
가쁜 숨 몰아쉬며
가파른 산길을 오르기도 했고
시원한 바람의 길을 걷기도 했고
모랫바람 몰아치는
사막의 길을 걷기도 했었네
사람들은 모두
먼 길을 쉼 없이 가네
사람들은 그 길 위에서
사랑을 하고
희망을 노래하고 이별을 하고
끝없는 길을 걸어가네
삶의 머나 먼 길을

오늘도 걸어가네

그는 새가 되어 날아갔다

유난히도 하늘이 푸르던 날 아침
갑자기 포항에서 날아온 이메일
부고 한 장

그가 갔다
푸른 새되어 하늘을 날아갔다
그가 오늘 갔다
함께 울고 웃던 지난
도반의 세월들은
오늘 이승의 저편에서 어른거리는
추억의 파편이 되었는가

이제 그가 불던 신호수의 은빛 호각은
오늘 누가 부는가
누가 불러 주어야 하는가
오늘 눈 시린 가을 아침
그가 소중히 남기고 간 흔적들이

슬픔이 되어 눈물이 되어
풀무바람 속에서* 펄럭이고 있다
그는 오늘 새가 되어 날아갔다

* 풀무바람 속에서: 故 김정구 시인의 시집 제목

봉숭아

공장 담벼락에 피어난
봉숭아 한 송이
누가 심었을까
어느 바람결에 날아왔을까

어느 지친
현장 근무자의 멍든 슬픔과
에린 눈물이 서럽게 배어나
오늘 붉은 꽃망울로 피어났는가

그토록 붉고 고운 꽃잎
어느 님의 손톱에 곱게 물들이고자
봉숭아여
너는 오늘 속절없이 피었는가

찔레꽃 가슴에 묻고

가서 오지 않을 당신을
가슴에 묻고 돌아오던 날
저 고개 너머로
당신 홀로 휘이휘이 걸어가시던가요
이승의 모진 정 끊고
아무런 미련도 걱정도 없이
그냥 훨훨 날아가셨나요
당신의 무정한 세월은 흘러
하얀 꽃 무더기무더기로 피어나던
찔레꽃 어머니여
그립고 사무치던 황토 언덕배기
찔레꽃 가슴에
당신을 묻고 돌아오던 날이여
어머니여 어머니여

동행

나도 너를 기다리다
세월이 갔다
너와 내가 걷는
오늘 이 길이
비록 서로 다른 길일지라도
나를 원망하지 마라
나도 너처럼
너 보이지 않는 낮은 곳에서
너를 기다리다
세월이 갔다

그렇구나
너와 내가 걷는
오늘 이 길은
서로 엇갈린 길이 아니라
어쩌면 같은 길을
너와 내가 함께

어깨동무하며 걸어온 길이다
어쩌면 같은 길을 걸어가며
함께 바라보며 가는 길이다
오늘도 나는 너를 기다린다

오늘

오늘은 얼마나 소중했던가
오늘 하루는
그토록 보고 싶어했던
어제의 내일이었다
어제 그토록 기다리고 설레였던
오늘은 어제의 내일이 아니었던가
오늘 하루는 얼마나 소중했던가
소망스러운 오늘이 아니었던가
오늘 나는 무엇을 하였는가
오늘의 길 위에서
그대의 발자국은 무슨 흔적으로
깊게 남아 있는가
오늘 하루는 강물로 흘러갔는가
실체 없는 내일을 꿈꾸며
뒤척이며 설레이던 오늘이여
오늘 하루의 꿈은 무엇을 남기며
시간의 강물로 흘러갔는가

또 어떤 모습 어떤 흔적으로
오늘은 남아 있는가

다초점안경

눈이 침침하고 흐리다
다초점안경을 써도 자꾸 침침하고
사물들이 흐릿흐릿 보인다
작년 다르고 올해 다르고
어제 오늘이 다른 것 같다
봄 여름 다르고 가을이 다른 것 같다
자연의 모습을 사심 없이 바라보는 일이나
세상의 사물을 거짓 없이 보는 일이나
책 속의 글자들이나 시집의 시구들을
정확하게 읽어보는 일은 얼마나 중요한 일인가
더 중요한 것은 사람의 마음을
흐릿하고 침침하게 바라보는 일은
얼마나 무서운 오류인가 아찔한 편견이던가
눈이 침침하여 안경을 벗고
다시 눈을 비비며
새로운 눈으로 거짓 없는 모습으로
저 명경(明鏡)의 붉게 물든 산

푸른 강 맑은 하늘을
오늘 따뜻한 사람의 마음을 바라볼 일이다

융프라우를 오르며

융프라우에서
나는 한 점의 흩날리는 눈꽃이다
만년설을 뚫고 가면
어디에 도달하는 것인가
내 36.5도의 체온이 녹아
무엇이 될 것인가
호주머니의 남은 온기를 만지작거리며
거대한 설산을 넘는 꿈을 꾼다
천만 년 얼음 동굴을 지나며
머리가 찢어질 듯 아프다
세상의 투명한 것들은
결코 제 속을 보이지 않는구나
융프라우에서 나는
내 헛된 정신의 기억들을 지우고
내 지친 욕망의 찌꺼기들을 모두 버리고
한 송이의 눈꽃이 되어
지상에 사뿐히 내리고 싶다

해탈

하얀 눈보라 그치고
파리한 눈썹달이
저만치 걸터앉아 있다

이제 눈발은
내 마음의 해탈문 안에서
무량으로 쏟아지고
달빛은
고단한 생의 눈물이 되어
억겁으로 쏟아진다

그래, 하얀 눈송이도
저 파리한 눈썹달도
오늘 밤은
내 가슴속에서 불끈 일어서고 싶은 거다
기어이 해탈하고 싶은 거다

제4부

시(詩)는 씨다 씨앗이다

시(詩)는 씨다 씨앗이다
캄캄 어둠을 헤치고 기어이 빛나는 별의 씨앗이다
시는 씨앗이다
삶의 씨이고 정신의 씨이고
사랑하는 사람의 가슴에 피어나는
그리움의 씨앗이다 한의 씨앗이다
시는 씨앗이다 씨앗은 시다
푸른 대지의 검푸른 바다의 씨앗이고
씨앗 한 알 한 알 세상에 뿌리는
노동의 씨앗이다

시는 씨가 되어야 하리
사람의 눈물과 슬픔을 보듬어 안고
일으켜 세우는 희망의 노래가 되어야 하리
시는 씨이고 사랑이고 희망이고 노동이고
밥이고 통일이고 민족이어야 하리
세상의 시들이 모여

한 알 한 알의 씨앗이 되고 사람이 되어
피골상접의 모국어를 갈아엎고
이 땅의 빛나는 씨앗의 노래가 되어야하리
내 오늘 씨앗의 시인이 되어
시는 씨다 씨앗이다

나는 무섭다

비틀어지고 뒤틀어진
이 땅 수십 년을 호강하고
잇속을 챙기던 사람들이
잠시 의기소침 물러선가 싶더니

이제는 올곧고 정직한 사람들이
마음 한숨 돌리고
잠시나마 들떠서 떠드는데

무슨 회오리바람처럼 몰려오는
저 검은 구름
악다구니들의 아우성 소리가
오늘 나는 소름끼치게 정말 무섭다

아주 단순한 생각

무엇이 그리 어려운가
무엇이 그리 복잡한가
너와 나 우리 단순하게 생각하자
이것저것 따지지 말고 탓하지 말고
아주 단순하게 생각하면 되리라

통일은 무엇인가
너와 내가 그냥 살을 맞대고 합치는 것이다
하나와 하나가 서로 그립게 만나서
네 땅 내 땅 서로 탐하지 않고
큰 덩어리 하나가 되는 일이 통일이리라

민족은 무엇인가
똑같은 얼굴과 똑같은 핏줄이
그냥 뜨겁게 만나는 것이다
똑같은 마음과 똑같은 마음이 만나서
집을 이루고 마을을 이루는 것이 민족이리라

무엇이 그리 어려운 일인가
무엇이 그리 거창한 일인가
서로 닫은 문 열고 서로 쌓은 담벼락 부수고
서로 얼싸안고 부둥켜 강물로 만나면
그것이 통일이고 그것이 민족이리라

반성

제 스스로를 비우지 않고서
제 스스로를 버리지 않고서
제 스스로를 활활 태우지 않고서
제 스스로 떳떳이 행동치 않으면서
어찌 그대는
오늘 생명을 말하는가?
오늘 평화를 말하는가?
오늘 화해와 용서를 말하는가?
마침내
인간의 사랑을 말하는가?

세월 앞에서

날 시퍼런 7·80년대 군부독재의
엄혹한 시절을 견디어 살아나고
이제는 살았구나 싶었던
문민과 국민의 정부를 지나서
이 땅의 협량한 무리들
다 떠난 줄 알았는데
이제 편히 살만한 세상 온 줄 알았는데
세월 앞에서
무엇이 옳고
무엇이 그른지도 모르는
협량한 잡초들 아직도 살아 무성하구나
제 앞의 밥그릇
제 주머니만 채우려고
이리저리 붙어 쏘다니며
주야장천 헐뜯고 치고받으며
선량한 풀꽃들 가로 막으며
아직 악다구니로 살아 있다니

몽마르뜨 언덕에서

성당의 종소리가 울리고 바람이 불었다
언덕 노천극장에서 몇몇 사람들이 쭈그려 앉아
연극을 보고 있다
오! 신이시여
오늘 저 압제와 폭력의 권력자들을 처단하소서
늙은 화가가 수채화를 그리는 풍경 속으로
저녁노을이 슬픔으로 물들어 있다
나도 그 옆에 쭈그려 앉아 예술을 생각했다
문학을 생각했다 시를 생각했다

오! 신이시여
오늘 문학은 무엇인가 시는 무엇인가
오늘 내 가슴에 품은 시 한 구절로
세계의 질곡과 폭력과 압제를 물리치소서
하늘, 땅, 강, 바다, 나무와 풀 그리고 선한 사람들
생명 가진 것들 모두 오늘 무참히 죽어가는
이름들을 불러 다시 살아나게 하소서

내 뜨거운 시 한 구절로
다시 그들의 밥이 되게 하소서
다시 그들과 더불어 파릇파릇 살아나게 하소서

똘레랑스를 생각하며

에펠탑에서 세느강을 굽어본다
내가 역사 교과서에서 배웠던
자유와 평등과 박애의 땅에서
누군가가 그 땅은
똘레랑스의 땅이라고 부르던
개선문의 나라에서
나는 오늘
제국의 슬픈 성벽의 역사를 본다
겉은 화려하고 장엄하고 고색창연하지만
그것은 자유가 아니었노라
그것은 평등도 아니었노라
그것은 박애도 아니었노라
파리의 하늘은 푸르고
세느강은 말없이 흐르지만
보이지 않는 깊은 곳 도사리고 있는
차별과 분열과 소외의
짙은 그림자로 묻어나는

앵똘레랑스를 오늘 나는 보았다

회상

나는 아직도 그때를 잊지 못하네
포항 환여동 그 찬란한 바닷가 오두막집을
질곡의 어둠 속에서 부글부글 끓어 넘치던
그 젊은 날의 불타오르는 정열을 아직 잊지 못하네
압제의 어둠을 뚫고
문학과 민중, 노동, 독재타도……
시대의 분노를 넘어서고자 몸부림치던
별 같은 얼굴들을 나는 오늘 잊지 못하네
죽도성당 민중시 낭송의 밤을
사자후를 토하던 채광석 형을 나는 잊지 못하네
사는 것 하나같이 헐거워도
가슴은 불꽃으로 타오르던
하얀 찔레꽃 피어나던 환여동
그 바닷가를 나는 잊지 못하네
비록 그 시절의
사랑도 명예도 이름도 흔적없이 사라져
오늘 나에게 남은 것은 빈껍데기의 육신과

거두어야 할 가녀린 식솔 몇이지만
나는 아직도 그 시절을 잊지 못하네
눈 내리던 해도오거리 또와삼겹살 집의
포근했던 불빛과 깍두기와
흰 쌀밥을 나는 잊지 못하네
세월은 강물로 흘러간다지만 기억은 각인되어
오늘 내 가슴 아직 깃발로 나부끼네
그 가열 찬 기억은 오늘 나를 살아있게 한다네
바르고 올곧게 나의 길을 걸어가라 하네
회상의 바다를 지나서
오늘 당당한 삶 하나로 살아라 하네

그대는 한 송이의 하얀 조선꽃이여

오늘 너의 이름은 에다가와 조선학교다
쓰레기더미 진흙구덩이에서 솟아난 한 송이의 조선꽃이다
꽃이다 꽃이다 조선의 하얀 꽃이다
오늘 허물어진 것이 그대의 피눈물 가슴뿐이랴
에다가와 조선학교여
오늘 너의 이름은 이제 통일의 꽃이다
질곡의 세월을 넘어 환하게 피어난 조국의 꽃이다
가슴 뜨거운 깃발로 살아 펄럭이는 조선의 꽃이다
오늘 우리는 그대를 잊지 않는다
결코 잊지 않음으로 너를 가슴에 피로 새기며
오늘 너의 이름은 에다가와 조선학교다
에다가와 조선학교여 조선의 하얀 꽃이여
우리는 가야 한다 우리는 지켜야 한다
우리는 굴하지 않으며
뜨거운 목숨 바쳐 너에게로 가야 한다
통일로 가야 한다 희망으로 가야 한다

뜨거운 사랑으로 가야 한다
그 길이 칠흑 천지의 어둠이라면
어둠을 뚫고 가야 한다 화살로 날아가야 한다
학교여 학교여 에다가와 조선의 하얀 꽃학교여
그대 마침내 통일의 봉홧불로 가야 한다
그대 펄럭이는 통일의 깃발로 기어이 일어서야 한다

신 동북공정(新 東北工程)

그래 너희들의 주장은 결코 맞지 않다
자 이제는 우리들의 동북공정이다
드넓은 만주벌판 말 달리던 땅
그곳이 모두 내 나라 내 땅이다
부여 고조선 고구려 발해가
모두 내 겨레의 나라다
오늘 참 기가 막히고
속 터지는 일이다
제 나라 역사 하나 못 챙기는 부끄러운
오늘 내 나라의 꼬락서니다
지금부터 십여 년 전
나는 너희들의 속셈을 알고 있었지
그때 나는 다물군이 되어
심양에서 이도백하에서 집 안에서
오녀산성에서 광개토대왕비 앞에서
장수왕능 앞에서 백두산 천지에서
청산리에서 해란강에서

연길의 밤거리에서
나는 다물군이 되어 서럽게 울었다
지금 나는 무엇이고 민족은 무엇이고
내 나라의 역사는 무엇인가
그래 좋다 오늘부터
나는 확실한 신 동북공정의 전사다

독도를 그리며

그대는 독섬이라네
옛날옛적 그곳에도 사람이 살고 있었네
만경창파 푸른 해협 보듬어 안고
조선의 새벽을 붉은 햇덩이로 여는
조선의 땅에
오래된 조선의 얼굴들이 살고 있다네
괭이갈매기, 슴새, 바다제비들 솟아오르고
머나 먼 그리움의
붉은 동백 꽃망울을 터트리며
먼 대륙의 꿈을 꾸며 날아오르던
삼봉도라네 우산도라네 가지도라네
깊은 외로움 속으로 삭이며
조선의 이름으로 살아 펄럭이는
푸른 조선을 오늘도 살아 지키는
경상북도 울릉군 독도리 산1의 37
내 나라 내 사랑 내 조국의 땅
더 이상 외롭지 않은

독도여 독도여

푸른 산이여 푸른 강이여 푸른 목숨이여

그대 푸른 산이여! 그대 푸른 강물이여!
그대와 내가 지금 이곳에 살아있음은
그대와 함께 부대끼며 설레이며 살아온
아름다운 목숨이었으리 소중한 사랑이었으리
오늘 그대가 아름다운 것은
그대가 거기에 우뚝 산그림자로 있거나
그대 실핏줄 같은 강물로 흘러가는
소중한 사랑이었으리
푸른 산이여 푸른 강이여 푸른 들판이여

그대와 내가 지금 여기에 살아있음은
그대의 푸른 목숨을 지켜내고
지극히 사랑하는 일이었으리
저 몰려오는 개발의 허섭스레기를
말끔히 걷어내고 미천한
자본의 그림자를 타파하는 일이었으리
그것이 오늘 그대와 내가 살아있는

푸른 산의 이름이여 푸른 강물의 이름이여
마침내 푸른 생명의 목숨이여

오월이 오월에게

오월은 무엇인가?
천지사방 흐트러진
꽃이었는가?
그대의
간절한 사랑이었는가?
사람의
깃발이었는가?

오월은
그대에게 무엇이었는가?
빛나는 별이었는가?
희망이었는가?
자유였는가?
눈물이었는가?
피 묻은 비명이었는가?

오늘 오월이

오월에게 묻는다
오월은
오늘 무엇을 이루었는가?
모진 세월 잊혀진 이름 위에
붉은 꽃이 피어나고
오월은
그대에게 무엇이었는가?

촛불바다, 미대사관 삼키다

붉은 함성의 땅에
오늘은 화엄의 촛불꽃이 피었다
미선이, 효순이를 살려내라
소파를 개정하라
저 장엄한 촛불의 대열이여
우리는 결코 꺼지지 않으리
못다 핀 꽃 한 송이
오늘 촛불로 피어나
불의와 불평등을 사르며
우리 결코 물러서지 않으리
우리 결코 흩어지지 않으리
촛불이여
촛불의 바다여
산을 이루고 강을 이루어
우리 하나 되어
마침내 통일의 바다로 가리

해설

그대에게 보내는 사랑 노래

공광규(시인)

정안면은 이번 시집을 통해서 자신이 삶의 현장에서 치열하게 살아온 개인사와 역사, 과거의 아름다운 사람이 없는 현실, 그래서 불투명한 미래에게 사랑을 강조한다. 사랑은 세상에서 가장 흔한 말 가운데 하나일 것이다. 그래서 사랑에 관한 좋은 말이 너무 많은 것인지 모른다. 인간이면 누구나 사랑을 욕망하기 때문일 것이다. 그러나 제대로 된 사랑을 성취하기란 거의 불가능에 가까운 것일지도 모른다. 이 불가능 때문에 사람들은 사랑에 더 탐착하는 것이다. 이 탐착 때문에 불가에서는 사랑을 근심과 번민의 어머니라고 한다.

그러나 애욕을 벗어난 진정한 사랑은 공동체와 인류에 미친다. 상업화된 사랑이 범람하는 시대에 정안면의 사랑은 개인적 애욕에서 벗어난 현실 사회에 던지는 전언이다.

그의 사랑은 상업주의에 의해 박제된 사랑이 아니라 사랑이 없는 몰인정한 현실에 노출된 영혼들을 치유하는 노래이자 미래에 거는 희망의 노래이다.

절대적 '그대'를 대상화하는 정안면 시인의 사랑 방식은 푸른 식물성이고 끊이지 않는 유장성이다. 그의 시는 시의 대상인 '그대'를 향해 사랑 노래인데, 노래의 매개는 풀잎과 바람과 꽃 등 식물과 강물 등 자연이다. 이러한 사랑의 노래는 과거, 현재, 미래를 종횡으로 움직이며 튼튼한 그물을 짜고, 그 그물은 모질고 질긴 생명력으로 현실을 견인한다.

부재하는 '그대'를 향한 그리움

정안면은 자신이 과거에 현실과 불화하면서 살아온 기억을 치통을 통해 환기한다. 그동안 축적된 삶의 고통이 치통을 통해 기억으로 살아나면서 화자를 형벌처럼 고문하는 것이다. 그렇기에 기억을 대상으로 쓰는 시인의 시는 항상 고통으로 점철된다.

　이빨도 한 오십 년을 넘게 쓰다 보니
　하나 둘 탈이 났나보다
　욱신거리는 통증이 무슨 고문의

기억으로 아프다
삶의 고통이 이처럼
치통으로 나를 고문하는가 보다

보다 철저히 살아오지 못한 죄
더 보살피지 않고 살아온 날들에 대한 벌
더욱 끔찍이
사랑하지 않았던 죄인가 보다
지독한 치통이다
잠을 이룰 수 없는 형벌이다

—「지독한 치통」 부분

  화자가 치통을 통해 환기하는 고통의 원인은 철저히 살아오지 못한 자신, 그리고 자신을 보살피지 않고 살아온 것, 그리고 철저하게 사랑하지 않은 것이다. 이러한 복합적인 후회의 대상은 '너' 혹은 '그대'로 수렴된다. 그래서 정안면의 시에는 그리움의 대상인 '그대'가 속출한다. 그래서 계속 반복되는 '그대'를 추적하면 정안면 시의 비밀이 풀리게 된다. 친구나 아랫사람을 높이어 점잖게 이르는 '그대'는 '너'보다 좀 높은 뜻이다. 2인칭 대명사인 '그대'는 청자에 대용된다. 정안면은 '너'와 '그대'를 호명하면서 서로 따로, 그러나 같이 길을 가고 있음을 천명하고

'너' 나 '그대' 와 같이 가기를 희구한다.

나도 너를 기다리다
세월이 갔다
너와 내가 걷는
오늘 이 길이
비록 서로 다른 길일지라도
나를 원망하지 마라
나도 너처럼
너 보이지 않는 낮은 곳에서
너를 기다리다
세월이 갔다

그렇구나
너와 내가 걷는
오늘 이 길은
서로 엇갈린 길이 아니라
어쩌면 같은 길을
너와 내가 함께
어깨동무하며 걸어온 길이다
어쩌면 같은 길을 걸어가며
함께 바라보며 가는 길이다

오늘도 나는 너를 기다린다

―「동행」 전문

  위 시에서 '너'는 화자가 기다리며 세월을 보낸 대상이다. 그런데 '너'는 구체적 사람이 아니고 현실을 인격화한 것으로 이해된다. 1연에서 화자는 지난 세월동안 현실과 화해하지 못하고 시간을 흘려보낸 상황이다. 서로 다른 길을 과거에서부터 오랫동안 걸어왔기 때문이다. 여기서 주목할 것은 서로 다른 길을 왔을 지라도 화자 자신을 원망하지 말라는 것이다. 화자가 현실에게 용서와 화해를 청하고 있다. 이는 화자가 과거에서부터 지금까지 현실과 불화하며 지내왔을지라도 서로 그것을 인정하고 포용하자는 시인의 의도가 내포되어 있다. 2연에 와서 화자는 "그렇구나"라면 그동안 불화하며 흘러온 세월을 인정을 하고 있다. 그동안 현실과 불화하며 흘려보낸 세월과 길이 서로 엇갈린 길이 아니고, 원래는 같은 길이라는 것이다. 그러니 화자는 불화와 함께 어깨동무를 하며 세월을 걸어온 것이다. 서로 길은 다르나 함께 걸어간다는 상상력은 세월을 살만큼 산 시인에게서나 나올 수 있는 인생에 대한 겸허한 통찰일 것이다. 시인은 시적 화자를 통해 그동안 현실과의 불화를 새로운 방식으로 이해하고 인정하며, 그것이야말로 같은 길을 걸어가고 함께 바라보며 가는 길이라고 한다.

어쩌면 사랑은 불찰과 불화의 어머니이다. 사랑은 상대를 속상하게 하는 것이다. 속상함, 불찰, 불화의 크기는 사랑의 크기와 비례한다. 그러나 불찰과 불화와 속상함의 대상인 '그대'는 현재 부재이다. 그러나 정안면이 "어찌 눈에 보이는 것만이/그대의 사랑이겠습니까"(「운해만리(雲海萬里)」부분)라고 한 것처럼, '그대'의 부재를 사랑하는 마음이어서 구애의 노래는 슬프고 서럽고 간절할 수밖에 없다. 아래의 시가 그렇다.

지금 그대가 내 마음속에 부재함이 가슴 아픕니다. 붉은 꽃잎 스르르 내 마음에 지고 바람에 쓸려 쓰러지던 그대의 뒷모습을 생각하면 눈물이 강물이 되어 나를 서럽게 합니다 오늘은 그대의 모습이 사무쳐 푸른 별로 빛나고 이제는 내가 알았던 그대의 전부를 소중히 기억하고 싶습니다 내 스스로 그대를 안아 둘이서 함께 걸어가고 싶습니다 오늘 그대를 화나게 하고 슬프게 했던 지난 내 불찰의 흔적들과 지금껏 그대를 사랑한다는 이유만으로 속상하게 했던 나의 어리석음을 용서해주세요

나는 오늘에야 내가 그대를 목숨 걸어 사랑했음을 알았습니다 그대를 사랑한다는 것은 내 일방으로 탐욕스럽지

않고 고집스럽지도 않은 사랑이어야 함을 오늘 깨달았습니다 지금 비록 그대가 내 가슴에 부재하여도 그대는 이미 나의 전부입니다. 그것은 내가 그대의 분신으로 지금 내 가슴에 살아 숨쉬기 때문입니다 이제는 알아요 오늘 그냥 사랑한다는 말로 그대를 사랑하는 것이 아니라 그대가 내 마음속에 살아 철썩이는 그리움의 파도로 내 가슴에 물결 치고 있기 때문이라는 것을 깊은 밤 잠 못 이루고 내일이면 그대를 만날 푸른 기약으로 설레이며 나는 오늘 그대에게 고백합니다 그대를 사랑합니다

―「러브레터」전문

화자는 부재하는 대상의 아픔을 절절하게 부르고 있다. 현재 부재하는 그대는 한때 "붉은 꽃잎"으로 존재했던 사랑의 대상이었다. 이 대상이 현실에서 없어지고 나서 서러워하는 크기는 강물만한 양의 눈물이다. 그대가 부재의 대상이 되고 난 다음 화자의 마음에 사무친 서러움은 "푸른 별"로 형상된다. 지상의 "붉은 꽃"에서 천상의 "푸른 별"로 상승은 현실에서 이상으로, 감각에서 초감각으로, 육체에서 정신으로 전화를 상징한다. 화자는 현실에 부재하지만 기억으로 존재하는 그대를 안아 함께 걸어가고 싶다고 한다. 화자는 불화와 불찰로 상대를 속상하게 했던 부재의 '그대'에게 용서를 빌고 있다. 누구나 상대가 떠나가고 난

뒤에 상대의 존재와 소중함을 알듯이, 화자는 그대가 부재한 상황에서야 사랑의 방식을 후회하고 용서를 빈다. 화자는 그대가 부재의 상황에 와서야 목숨을 건 사랑이었음을 알게 된다. 화자 일방의 탐욕과 고집으로 부재의 상황에 만든 것을 알고 후회한다. 부재함으로 진정한 사랑을 인식한 화자에게 부재한 그대는 이미 화자의 전부가 된 것이다. 현재의 화자는 부재한 그대의 분신으로 살아 숨쉬고, 말이 아니라 마음속의 그리움의 실재로 사는 것이다. 이 부재의 그대는 다음과 같은 방식으로 만남을 기약한다.

> 붉은 꽃화엄 속에서
> 그대와 나는
> 꽃으로 피어 다시 만나리
>
> 붉디붉은 꽃불로 타오르는 사랑이여
> 오늘 붉은 꽃망울로 터져
> 내 사랑 꽃으로 기어이 피어나리
> ―「꽃무릇」 부분

식물성과 유장성의 사랑

정안면은 시적 화자를 통해 부재의 사랑에 대하여 시

「운해만리(雲海萬里)」에서 "그대 서럽게 밟고 지나간/무서리 내린 새벽에야/나는 알았습니다."라고 한다. 화자의 사랑도 "그대의 발자국을 따라/하염없이 걸어가고 있었음을/나는 이제야 알았"다는 것이다. 이렇게 사랑을 인지한 화자의 사랑 방식은 식물성이다. 사랑의 대상이 '그대' 안에서 꽃이 되고 푸른 잎이 된다. 이는 사랑은 곧 애욕의 산물이라는 보편적 상식을 거부하고 따뜻한 식물성으로 전화시키는 것이다.

오늘 그대 안에서 그대의 사랑꽃이 되리. 그대 안에서만 피어나는 그대와 꽃이 되리. 푸른 봄날이 오면 그대 안에서 내가 다시 파르르 살아나 그대만의 푸른 잎새로 봄바람에 나부끼리. 지금 그대를 생각하면 나는 그대의 푸른 얼굴이 되고 밤하늘의 푸른 별빛이 되리. 오늘 그대를 생각하면 그대의 얼굴이 포근히 떠오르리. 그대를 생각하면 가슴이 뛰고 내 마음은 벌써 그대에게로 달려가리. 오늘 그대가 아프면 내가 따라 아프고 그대가 슬프면 그대 안에서 뜨거운 눈물이 되리. 내 그대 안에서 그대만의 한 사람이었으리. 그대가 오늘 세상 밖 유성으로 사라진다면 내 그대를 따라 별똥별로 그대에게 날아가리. 그대는 지금 내 안에서 더불어 내가 되었으리. 지금 그대는 내 안의 사랑이었으리. 오늘 그대 안에서 내 그대의 사랑꽃이 되었으리.

― 「그대 안에서」 전문

화자는 구체적 대상이 아닌 절대적 대상으로서 '그대'의 유일한 '사랑꽃'이 되겠다고 한다. 이렇게 사랑꽃이 되고 난 다음, 화자의 행위는 봄날 '그대' 안에서 살아나 푸른 잎새로 나부끼고 그대를 생각하면서 푸른 얼굴이 되고, 밤하늘의 푸른 별빛이 되는 것이다. 그대와의 일체감을 희구하는 화자는 생성과 고통, 슬픔, 소멸을 같이 하겠다고 한다.

정안면은 다른 시 「사랑」에서 '그대'를 사랑하는 일이 지난한 일이었음을 화자를 통해 고백한다. 그리고 그대에 대한 사랑의 방식이 "가녀린 풀잎"의 떨림임을 밝히고 있다. 화자는 그대가 부재한 상태에서 "나의 사랑은 너무 많은 기쁨을 그대에게 청하였으며 요구하였다는 것을 그것으로 그대가 아파하고 슬퍼하며 그대의 가슴은 푸른 멍에로 피어난 더 아픈 고통의 붉은 꽃망울"로 피었음을 형상한다.

다음은 강물로 상징되는 사랑의 유구성과 유동성이다. 개인사를 강물의 속성과 잘 교합하여 형상화한 아래 시에서 '그대'는 정안면 자신과 함께 해온 고난의 민중사이다.

겨울 섬진강에서 강물의 그대를 보네
그대여 그대여
매섭고 서러운 긴 겨울날을
참 잘 흘러서 왔구나
살아가는 일들이 어차피 버리지 못할
삶의 흔적이라면
끝끝내 견디어 살아야 하리
비록 살아가는 일들이 힘들고 쓰라려도
그대는 푸른 강물로 살아 흘러가야 하리
강물로 흘러가
강물의 그대를 만나면
봄꽃의 그대를 만나면
그대의 푸른 물결에 쓸려 말하리
그래도 세상은 아직 살만하다고
더불어 나에게도 사랑의 마음은
서걱이는 푸른 강물로 흘러가고 있었으리
―「겨울 섬진강에서」 전문

  이 시에서 화자는 '그대'와 일치된다. '그대'는 결국은 내면화된 화자 자신인 것이다. 화자는 정안면의 가면이다. 정안면은 화자를 통해 자신의 내면을 토로하고 있다. 정안면은 가면을 쓴 화자를 통하여 섬진강에서 "강물의 그대"

를 본다고 한다. 강물은 유구하고 유장한 개인사이자 역사의 상징이 된다. 매섭고 서러운 긴 겨울로 은유되는 개인사와 역사의 질곡을 강물인 '그대'가 잘 흘러왔다는 것이다. 정안면은 이 시를 통해 어려운 현실에 놓여있는 삶이라면 끝끝내 견딜 것을 제안한다. 어려운 현실에서도 패배와 포기가 아니라 견딤과 극복의 의지를 토로하고 있는 것이다. 특히 "그래도 세상은 아직 살만하다고"라는 긍정을 통해 개인과 역사 현실의 전망을 열어 보이는 것이다.

현실적 역사적 긍정관을 가지고 있는 정안면은 새로운 삶의 전망을 열기 위해 다시 아름다운 '그대'를 '사람'으로 환치하여 만나고 싶다고 한다. 이 욕망은 과거에 기초하여 문장과 서술구조를 반복하고 열거하며 병렬시키고 있다.

> 다시 아름다운 사람을 만나고 싶다
> 사랑한다고 말하지 않아도 손 내밀면
> 내 가슴에서 들꽃의 향기로 따스히 다가오는
> 아름다운 사람을 만나고 싶다
> 몸은 비록 멀리 떨어져 있어도
> 바람결에 실려오는 풋풋한 살 내음으로 스며드는
> 아름다운 사람을 만나고 싶다
> 곽곽한 삶 앞에서도 해맑은 미소로 피어나는

언제나 가슴에 뜨듯한 등불을 켠
아름다운 사람을 만나고 싶다
오늘 비록 가진 것 없이 살아도
정결한 마음 하나로 별을 세며 사는
아름다운 사람을 만나고 싶다
(…중략…)
그리운 사연 간절한 보고픔이 가슴 사무칠 때
가을날의 억새로 달려와 쓰러지는 사람
그런 아름다운 사람을 만나고 싶다
푸른 마음 하나 지워지지 않는 이름
푸른 그림자로 서성이는
오늘 아름다운 세상의 사람을 만나고 싶다
　　　―「다시 아름다운 사람을 만나고 싶다」 부분

 이 시는 제목이 보여주는 것처럼 과거에 아름다운 사람을 만난 적이 있다는 것을 역설적으로 진술하고 있다. 지금은 없는 '아름다운 사람'을 만나고 싶다고 한 뒤에, 아름다운 사람의 조건을 열거하고 있다. 아름다운 사람은 누구인가? 사랑한다는 말보다는 들꽃의 향기로 다가오는 사람이고, 멀리 있어도 살 내음으로 오는 사람이며, 어려운 삶에서도 해맑은 미소를 가진 사람이고, 가난해도 별을 세며 사는 사람 등등 계속 진술하고 있다. 들꽃 향기나 살 내음은 후각, 해맑은 미소와 물비늘 노을은 시각적인 용어로 언술되고 있다. 그리고 설명적 언술로 아름다운 사람을 표현하고 있다. 그러한 사람은 "몸은 헤어져 있어도 마음은 늘 함께 있어/얼굴 떠오르면 가슴 두근거리는" 사람이며, "봄 편지 꽃소식 안부를 강물에 띄워/내가 얼마나 그대를 생각하는지 아느냐고 강물에 묻던" 사람이고, "거친 삶 비바람 눈보라에도 흔들리지 않고/초록의 내일을 꿈꾸며 묵묵히 오늘을 걸어가는" 사람이자, "물비늘 노을에 반짝이는 강변에 서서/그대를 사랑하는 일로 내가 살아있음을 노래하는/아름다운 사람"들이다. 이러한 언술 방식은 표현적 언술에 그쳐 시를 읽는 쾌감은 줄어드나 내용의 전달은 강력하다. 내용을 중시할 때는 주로 이처럼 표현적 언술이 사용된다.

내게는 강물 같은 사람이 있다네
푸른 강물로 흐르는 얼굴이 있다네
세상의 험한 모퉁이 굽이굽이 돌아와
모든 것들을 껴안고 흐르는
내게는 강물 같은 사랑이 있다네

노을빛 물결치는
저 강물에 얼굴을 씻고

이제는 천천히 돌아오는
그대의 뒷모습은 오늘 얼마나 아름다운가
내게는 그런 강물 같은 사람이 있다네
　　　　　　　—「내게는 강물 같은 사람」 부분

 화자가 만나고 싶어 하는 열거된 사람은 이미 정안면 시인 자신이 과거에 그렇게 살았고, 그런 경험이 내면화 되어 일치감을 맞볼 사람을 찾고 있는 것이다. 이러한 조건의 사람이 부재한 상황에서도 시인은 결코 불만이나 부정, 한탄이나 절망하지 않는다. 이미 그러한 사람이 자신 속에 있기 때문이다.
 위에 시처럼 화자가 청자를 부르는 순간 이미 화자의 내면에는 청자가 있다. 상대를 부르는 순간, 상대가 내 마음 속에 들어와 있다는 것이다. 상대가 마음속에 내면화되지 않으면 그 부름은 거짓이 된다. 부름의 진실성이 없다는 것이다. 정안면이 시에서 부르는 '그대'는 바로 정안면 내면에 잠재되어 있다는 말이다. 결국은 모든 시가 그렇지만 시는 자기 자신을 호출하는 것이다. 정안면 또한 이러한 시의 원리를 시인이 모르는 동안 화자가 정안면의 가면을 쓰고 나타나서 정안면 자신을 호출하는 것이다.
 정안면은 시 「먼 길을 가네」에서 그동안 먼 길을 걸어왔고 "또 먼 길을 걸어가야" 한다며 인생유전의 원리를 담

담하게 토로하고 있다. 그 인생길은 한적한 들길이며, 황톳길이며, 가파른 산길이며, 시원한 바람의 길이기도 하고, 모랫바람 몰아치는 사막의 길이기도 했다고 한다. 이러한 길 위에서 사람들은 사랑하고 희망과 이별을 노래하면서 간다고 한다.

이러한 길을 가서 끝내 만나고 싶은 것은 무엇일까? 아마 아래 시에서 보여주는 천진하고 행복한 인간의 저녁 풍경이 아닐까?

> 짝짜꿍 짝짜꿍 소리를 내는
> 하얀 운동화를 앙증맞게 신은
> 네다섯 살 먹음직한 어린아이가
> 엄마의 손을 잡고
> 초록의 풀밭을 폴짝폴짝 뛰어가는
> 봄날 저녁의
> 저 아득한 풍경이여
> 행복이여
>
> ―「봄날 저녁」 전문

시인의 말

  오늘 다시 내 시의 식솔 하나를 덧붙이는 마음이 각별하다
  그것들은 내가 가슴 뜨겁게 품었던 세상의 노래이거나
  푸른 그리움으로 출렁이던 사랑의 씨앗이었다
  이제 그 시의 씨앗들이 싹을 틔우고 깨어나
  세상 속으로 걸어가는 것이다

  언제부터인가 나는 내 생의 비루한 것들에 대하여
  이제는 버리고 비우고 덜어내야 한다는 다짐을 되새기고 있다

  내 시의 일 또한 그 범주 속에서 예외일 수는 없으리라
  그리하여 오늘 지극정성으로 바라는 것은
  더 단단해지고 견고해지는 삶의 모습
  더불어 소중한 내 시의 나아갈 길이리라

2009년 봄날에
정안면

바람의 행로

2009년 4월 24일 초판 1쇄 찍음
2009년 4월 29일 초판 1쇄 펴냄

지은이 _ 정안면
펴낸이 _ 양동문
펴낸곳 _ 詩와에세이

신고번호 _ 제319-2005-000014호
주소 _ (120-865) 서울시 서대문구 북아현동 1-495 세방그랜빌 2층
대표전화 _ (02)324-7653, 313-4023
팩시밀리 _ (02)392-4023
휴대전화 _ (011)355-7565
전자우편 _ sie2005@naver.com
공 급 처 _ 한국출판협동조합
주문전화 _ (02)716-6032
팩시밀리 _ (02)716-2995

ⓒ정안면, 2009
ISBN 978-89-92470-30-8 03810

* 지은이와 협의하여 인지는 생략합니다.
* 이 책 내용의 전부 또는 일부를 재사용하려면 반드시 지은이와
  詩와에세이 양측의 동의를 받아야 합니다.
* 책값은 뒤표지에 표시되어 있습니다.